LES FESTES GRECQUES ET ROMAINES.

Nouvelle Remise au Théâtre, le Mardi 4. Juillet 1741.

✻✻✻✻✻✻✻✻✻✻✻✻✻✻✻✻✻✻✻✻✻✻✻✻✻✻✻✻✻✻✻✻✻✻✻✻✻

IL n'y a de Changements dans ce Ballet que les noms d'Acteurs repréſentants en cette Remiſe : On les ajoûte au-devant de ce Livre, dont l'Edition fut faite ſoigneuſement en la Remiſe précédente ; Il y faut neanmoins corriger, à quelques Exemplaires :

Page 10, CLIO, à ERATO, *Liſez ſeulement* ERATO.

Plus bas, ERATO, *Liſez* CLIO.

Au troiſiéme vers ſuivant, *à noſ chants*, Liſez *à vos chants*. Antepenultiéme Vers de cette page, *Tous que cherit*, Liſez *Vous que cherit.* Page 13, avant les cinq derniers Vers de cette page, les mots *Danſez, Chantez*, doivent être en un ſeul Vers.

Page 14, ERATO, et APOLLON célébrent, &c. *Suprimez ces trois mots*, dans une Cantate.

Page 27, cinquiéme Vers, *deux beaux yeux*, Liſez *de beaux yeux.*

Acteurs et Actrices des Chœurs de ce Ballet.

CÔTE' DU ROY.

Meſdemoiſelles	Meſſieurs
Dun,	St. Martin,
Delorge,	Marcelet,
	Lemeſle,
Varquin,	Pequet,
La Fontaine,	Fel,
Bodot,	Bourque,
	Bornet,
Dalemand-C.,	François,
Larcher,	Gallard,
Jaquet.	Duchenet.

CÔTE' DE LA REINE.

Meſdemoiſelles	Meſſieurs
Antier-C.,	De Serre,
	Gratin,
Thetelette,	Le Page,
Lavalée,	Deshais,
	Levaſſeur,
Cartou,	Rimbault,
Deshaigles,	Treizeville,
	Buſeau,
Coupée,	Dupleſſis,
La Cour.	Chevry.

PROLOGUE.

ACTEURS CHANTANTS;

APOLLON,	M^r. Le Page.
CLIO,	Mlle. Julye.
ERATO,	Mlle. Eeremans.
Un Suivant d'ERATO,	M^r. Jelyotte.

ACTEURS DANSANTS;

TERPSICORE;

Mademoiselle Barbarine;

CHEF DE LA DANSE;

Monsieur Javillier-L.;

SUITE DE TERPSICORE;

Monsieur Lamy, Mademoiselle Le Duc.;
Messieurs Javillier-2, Monservie, Dumay, Dupré.
Mesdemoiselles Carville, Erny, S. Germain,
Dazencour.

---

*Les Entrées du Ballet sont marquées ci-après dans l'ordre qu'Elles sont
Représentées : ce qui fait précéder la Première, par la Seconde de ce
Livre.*

I. LES BACCHANALES.
II. LES JEUX OLIMPIQUES.
III. LES SATURNALES.

ACTEURS
CHANTANTS DU BALLET.

PREMIERE ENTRE'E.
LES BACCHANALES.

ANTOINE,	Mr. Le Page.
EROS,	Mr. Jelyotte.
CLEOPATRE,	Mlle. Le Maure.
UNE EGIPTIENNE,	Mlle. Fel.

ACTEURS DANSANTS;
EGIPANS ET BACCHANTES;

Monsieur D-Dumoulin ;

Mademoiselle Dalmand-L. ;

Messieurs Thessier, Hamoche, Dangeville, Couque;

Mesdemoiselles , Thiery, Le Bret, Courcelle,

Dazencour.

SECONDE ENTRE'E.

LES JEUX OLIMPIQUES.

ALCIBIADE,	M^r. Le Page.
ATIME'E,	Mlle. Peliffier.
ASPASIE,	Mlle. Fel.
AMINTAS,	Mr. Jelyotte.
ZELIDE,	Mlle. Chevalier.

ACTEURS DANSANTS;

GRECS;

Mademoifelle Cochois ;
Meffieurs Javillier-3. , Dumay , Dupré,
La Croix, Savar ;
Mefdemoifelles Carville , Erny , Thiery,
Saint-Germain, Courcelle ;

LUTEURS;

Meffieurs Dupré , Javillier-L.

COUREURS;

Meffieurs Lamy , Theffier.

****

TROISIÉME ENTRÉE.
LES SATURNALES.

DÉLIE,	Mlle. Le Maure.
PLAUTINE,	Mlle. Julye.
TIBULE,	M^r. Jelyotte.
UNE BERGERE,	Mlle. Fel.

ACTEURS DANSANTS.

BERGERS ET BERGERES;

Mr. D-Dumoulin, Mademoiselle Dallemand-L.;

Mademoiselle Barbarine;

Messieurs Dazencour, St. Huray, Maupin, Dary,
Thiery, Le Bret, Le Noir;

Mesdemoiselles Malter-C.; Matignon, Couques;

Messieurs F-Dumoulin, P-Dumoulin.

LES FESTES GRECQUES ET ROMAINES,

BALLET HEROIQUE,

REPRÉSENTÉE POUR LA PREMIERE FOIS,

PAR L'ACADEMIE ROYALE DE MUSIQUE;

Le treiziéme Juillet 1723.

Remis au Theâtre le onziéme Juin 1733.

Repris avec LA FESTE DE DIANE, *Nouvelle Entrée ajoûtée,* Le neuviéme Fevrier 1734.

DE L'IMPRIMERIE

De JEAN-BAPTISTE-CHRISTOPHE BALLARD,

Seul Imprimeur du Roy, & de l'Academie Royale de Musique.

M.DCCXXXIV.

AVEC PRIVILEGE DU ROY.

LE PRIX EST DE XXX. SOLS.

PRÉFACE.

LES Fêtes Grecques & Romaines forment un Ballet d'une espece toute nouvelle. La Muse Lyrique n'avoit jusqu'à present tiré ses Poëmes que de la Chronique des Amadis, de l'Arioste, des Métamorphoses d'Ovide, du Tasse & d'autres semblables Auteurs. La France n'a encore soûmis que la Fable à la Musique : l'Italie plus hazardeuse a placé dans ses *Opera* les évenemens de l'Histoire. Les SCARLATTI & les BUONONCINI ont fait chanter des Heros que CORNEILLE & RACINE auroient fait parler. Enhardy par ces exemples, on s'est dispensé de glaner dans les Champs trop souvent moissonnez de la Mythologie & du Romain : Heureux si on est aprouvé en ouvrant aux Poëtes du Théâtre chantant, une carriere digne d'occuper les Genies amateurs du vrai-semblable.

On a rassemblé dans ce Ballet les Fêtes de l'Antiquité les plus connuës, & qui ont semblé les plus favorables au Théâtre & à la Musique. On les confond toutes sous le nom des *Festes Grecques & Romaines*, parce qu'effectivement Rome adopta tous les Dieux

4

d'Athenes. On a pris soin d'assortir à ces Festes celebres des Avan-
tures & des Noms illustres. LES JEUX OLYMPIQUES étoient
si fameux dès leur origine, qu'ils ont fourni à la Chronologie
une de ses Epoques les plus considerables.

La Course des Chars, étoit le plus noble des Exercices qu'on y
couronnoit : Les Rois les plus avides de gloire, sont entrez dans
cette lice : les Princesses mêmes y ont triomphé. CINISQUE
Fille du Roy ARCHIDAMUS, obtint le Prix aux Jeux de la
XXVme Olympiade. La XCIme futmarquée par la gloire d'AL-
CIBIADE qui remporta cette Couronne d'Olivier plus précieuse
aux regards d'un Grec genereux, que les Couronnes enrichies
de Diamans : On n'a pas travesti ALCIBIADE en Heros de
l'ASTRE'E: il est si connu par ses amours volages, qu'on n'auroit
pû en faire un Amant fidele, sans démentir grossierement les plus
graves Historiens. On ne les suit pas dans l'ordre de ses galan-
teries. Ces sortes de Faits peuvent s'arranger sur le Theâtre, au gré
des Auteurs qui les y introduisent.

Cette Peinture exacte de la legereté d'ALCIBIADE ne
déplaira peut-être pas aux Inconstants de nôtre siécle : ils ne seront
pas fâchez de trouver leur Modele, dans la respectable Antiquité.

On espere que LES BACCHANALES paroîtront liées à l'in-
trigue qui leur convenoit le mieux. CLEOPATRE ordonne
avec justesse une Fête originaire d'Egypte. On sçait que MARC-
ANTOINE allant à sa premiere Expedition de la guerre *des
Parthes* s'arreta dans LA CILICIE, & qu'il y fit apeller cette
aimable Reine accusée d'avoir soûtenu le Parti de BRUTUS &
de CASSIUS, avec ordre de venir se justifier : Mais, s'il la
manda comme Juge, il la reçût comme Amant. L'artificieuse
CLEOPATRE suivie par des Jeunes & charmantes Egyptiennes
representant les Graces, & par des Enfans caracterisez en Amours,

apporta des Dons magnifiques à A n t o i n e. On a mêlé dans le Divertissement de cette Entrée des B a c c h a n t e s & des E g y p a n s à ces Graces & à ces Amours ; falsification historique fondée sur l'Histoire même. Si ce mêlange altere un Fait, il remplit un Caractere.

C l e o p a t r e étoit une adroite Politique. Ne rend-t-on pas son Portrait plus reconnoissable en la faisant arriver dans le Camp des Romains, occupée à célébrer un Dieu, cher à leur General ? Pouvoit-elle se presenter devant A n t o i n e dans un instant plus favorable ? Elle connoissoit l'entêtement de ce Romain , qui se piquoit de ressembler à B a c c h u s, & qui fit dans *Ephese* une entrée superbe, où il se montra couvert des habillements & paré des attributs du Vainqueur de l'Inde. Ce ne fut pas la seule Ville qui le considera dans cet équipage ; cependant cet insigne Voluptueux avoit commencé sa carriere en Heros ; c'est le temps qui a esté saisi pour le peindre sur la Scene d'exposition. Sa défaite par l'Amour fut rapide , & P l u t a r q u e en est garand.

Quant à l'E n t r e' e d e s S a t u r n a l e s on n'y a pas répandu le Comique autorisé par la liberté de la Fête. Des Critiques respectables prétendent que les situations plaisantes sont déplacées sur le Theâtre Lyrique. Quoyque l'experience n'ait pas toûjours appuyé cette opinion, comme elle soûtient le party le plus noble , on a crû devoir la suivre dans un Poëme consacré à l'Histoire. On a donné une Parente à M e c e n e , & on a donné à cette Parente un nom , célébré par T i b u l e. La prévention du Favory d'A u g u s t e pour les talens de l'esprit n'a pas besoin d'être prouvée : elle fonde le dénoument : De plus , T i b u l e avoit de la naissance ; ses Ancêtres ne le rendoient pas indigne de l'alliance d'un Romain issu des Rois d'E t r u r i e. Les Auteurs varient pour la durée de la Fête des

Saturnales , les uns la font de trois jours , d'autres la pouſſent juſqu'à ſept ; ce dernier terme convient au deſſein de Tibule , & luy permet de joüir de ſon traveſtiſſement. Il eſt inutile de détailler icy les Loix des Saturnales, elles ſont connuës de tous ceux qui connoiſſent Lucien. Ses Dialogues nous apprennent que tout ſe pardonnoit pendant cette Fête indulgente ; & que les Eſclaves pouvoient riſquer impunément bien des familiaritez puniſſables dans une autre ſaiſon. Au reſte , on a tellement dévoué ce Ballet à l'Hiſtoire, qu'on a emprunté d'elle juſqu'aux Décorations. Plutarque a fourny la Barque ſuperbe de La Reine d'Egypte ſon Pavillon brodé d'or , les Rames d'argent, & juſqu'au Concert de Flûtes qui accompagnent cette Princeſſe lorſqu'elle deſcend ſur les Rivages du Fleuve Cydnus. L'illumination des Saturnales ſe trouve dans les Faſtes de Rome : On s'envoyoit à cette Fête de la Bougie ; coûtume empruntée des Pelasgiens. On a negligé dans ce Ballet , le merveilleux des enchantements & des deſcentes des Divinitez. On s'eſt écarté d'une route frayée depuis long-temps , & quelquefois mal-ſuivie ; on n'apprendra que trop tôt , ſi on s'eſt égaré.

CE BALLET

Est formé d'un Prologue & des Entrées suivantes.

I. Entrée, LES JEUX OLYMPIQUES, ou LE TRIOMPHE D'ALCIBIADE.

II. Entrée, LES BACCHANALES.

III. Entrée, LES SATURNALES.

IV. Entrée, LA FESTE DE DÍANE, ajoûtée.

Acteurs & Actrices Chantans dans tous les Chœurs du Prologue & du Ballet.

CôTE' DU ROY.   CôTE' DE LA REINE.

Mesdemoiselles	*Messieurs*	*Mesdemoiselles*	*Messieurs*
Dun.	Dun-Pere.	Antier-C.	Le Myre.
Lavallée.	St. Martin. Lefebvre.	Tettelette.	Morand. Deserre.
Gaumenil.	Louette. Marcelet.	Charlard.	Plet.
Goussier.	Deshais. François.	Delorge.	Dautrep. Lasalle.
David.	Duplessis. Combault.	Deshaigles.	Besson. Duchesne.
Dumagny.	Bourque.	Ducoudray.	Houbault.
Carette.			

v

PROLOGUE.

ACTEURS CHANTANTS.

APOLLON,   M^r. Chassé.

ERATO, *Muse de la Musique*,   Mlle. Antier.

CLIO, *Muse de l'Histoire*,   Mlle. Jullye.

TERPSICORE, *Muse de la Danse*.

*Eleves d'*ERATO *& de* TERPSICORE.

La Scene est dans la Place du Temple de Mémoire.

ACTEURS DANSANTS.

TERPSICORE;

Mademoiselle Camargo;

CHEF DE LA DANSE;

Monsieur Dupré;

SUITE DE TERPSICORE;

Monsieur Malter-C. ; Mademoiselle Mariette ;
Messieurs Matignon, P-Dumoulin, Dumay, Dupré.
Mesdemoiselles Durocher, Thybert, Lamartiniere,
Petit.

PROLOGUE.

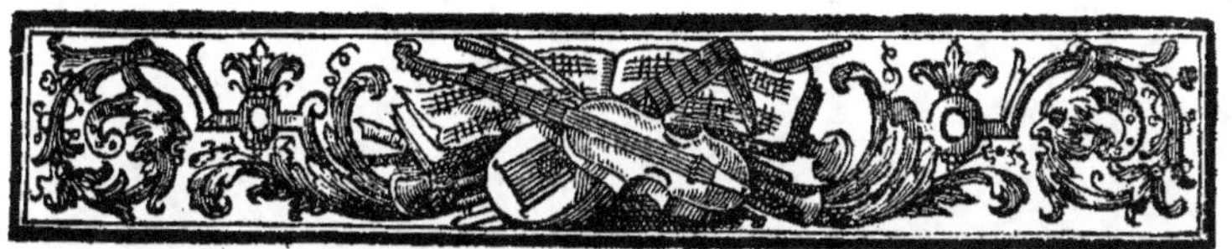

PROLOGUE.

LE THEATRE repréſente le Temple de Memoire orné de Statuës de Grands-Hommes, & d'Inſcriptions à leur loüange : On y arrive par une grande & magnifique Place décorée dans le même goût : Les Eleves d'ERATO s'y trouvent raſſemblez par l'ordre d'APOLLON, pour ſeconder les deſſeins de *la Muſe de l'Hiſtoire.*

SCENE PREMIERE.

CLIO, ERATO, & ſes Eleves.

CLIO, aux Eleves d'ERATO.

Vous, qui conſacrez vôtre aimable genie
    A la Muſe de l'Harmonie,
Répondez à mes vœux, ſecondez ſes efforts;
Apollon vous raſſemble au Temple de Memoire.
    Pour les Heros ſignalez dans l'Hiſtoire,
      Je vous demande des accords.
Des Guerriers fabuleux c'eſt trop chanter la gloire,
Hâtez-vous d'éprouver de plus nobles tranſports.

B

CLIO, à ERATO.

Quoy ! Muse équitable & sincere,
Qui défendez de l'injure des tems,
Les solides Vertus, les Exploits éclatans ;
La Verité qui vous éclaire,
Voudra-t-elle souffrir nos Jeux ?
Je crains son flambeau rigoureux.

ERATO.

La Verité n'est pas toûjours si redoutable ;
L'Histoire aussi-bien que la Fable,
Peut fournir à nos chants des Heros amoureux.
Il n'est pas un Vainqueur qui ne soit Tributaire
Du doux Empire de Cythere.

ENSEMBLE.

Les plus inflexibles Guerriers
Ont ressenti les tendres peines :
Amour, sous leurs Lauriers,
On apperçoit tes chaines.

ERATO, à sa Suite.

Soûtenez un choix glorieux,
Tous que cherit la Seine, & que le Tybre admire :
Vous enchantez par vôtre Lyre,
Et les Palais des Rois & les Temples des Dieux.

En célébrant l'Amour, vous lui donnez des armes ;
Il triomphe quand vous brillez.

Les Rossignols aux Printems rassemblez
Ne chantent pas plus tendrement ses charmes.

En celebrant l'Amour vous lui donnez des armes ;
Il triomphe quand vous brillez.

CHOEUR.

Regnez dans nos Fêtes nouvelles
Regnez Amours, charmants Vainqueurs,
Venez-y verser les douceurs.
Qui font le prix des cœurs fidelles.

SCENE II.

CLIO, APOLLON, ERATO.

CLIO.

APollon vient icy, quel honneur pour nos Jeux!
Rien ne manque plus à nos vœux.

APOLLON.

Pour les favoriser, je quitte le Permeſſe,
Inſtruit de vos projets, j'en veux être témoin ;
Je préſide à vos Jeux, leur gloire m'intereſſe,
Et c'eſt à moi d'en prendre ſoin ;
Vous allez expoſer ſur la Lyrique Scene
Des Heros l'ornement & de Rome & d'Athene.

Non, ce n'eſt pas aſſez de vos charmants Concerts,
Une Muſe vous manque encore
Croyez-vous réunir les ſuffrages divers
Sans le ſecours de Terpſicore ?

C'eſt envain qu'aujourd'huy des chants mélodieux
Sur la Scene, apellent les Graces :
Si la Danſe n'amuſe & ne charme les yeux,
L'Ennuy ſuit les Plaiſirs & vole ſur leurs traces.

ERATO.

Cessez de nous vanter Terpsicore & ses pas,
Nous connoissons tous ses appas.

Un Prélude annonce TERPSICORE.

APOLLON.

Je l'entens, profitez Muse de sa presence.

ERATO.

Je rempliray vôtre esperance.

TERPSICORE paroît à la tête de ses Eleves, differem-
ment caracterisez.

APOLLON.

Terpsicore, venez, prêtez-leur vos attraits.

ERATO,

De mes chants, marquez la cadence.

ERATO, CLIO, ET APOLLON.

Charmante Muse de la Danse,
Les Jeux que vous ornez triomphent à jamais.

On danse.

UN SUIVANT D'APOLLON.

Jeunes Beautez, pour être plus aimables,
Dansez,
Chantez
Tous les cœurs seront domptez.

Le Chant, la Danse à vos vœux favorables,
De leurs appas sçauront vous orner tour à tour;
Plus vous unissez de talents agréables,
Plus vous livrez de traits au tendre Amour.

APOLLON.

Retracez aujourd'huy les plus aimables Festes
Qui des Vainqueurs du monde amusoient les desirs :
La Grandeur ordonnoit leurs jeux & leur conquêtes ;
L'Univers admiroit leur gloire & leurs plaisirs.

CHOEUR.

A des emplois nouveaux, Apollon nous appelle,
Ranimons nos pas & nos voix ;

Et marquons nôtre zele
Au Dieu qui nous donne des loix.

ERATO & APOLLON célébrent les loüanges de
TERPSICORE dans une Cantate : Et la Muse de la
Danse en exprime les Symphonies & les Chants, par la
varieté de ses pas & de ses attitudes.

Quelle danse vive & legere !
Les Jeux, les Ris vous suivent-tous :

Muse brillante auprès de vous.
On voit plus d'Amour qu'à Cythere.

ERATO, ET APOLLON.

Vous peignez à nos yeux les transports des Amants.
Les tendres soins, la flateuse esperance,
Le Desespoir jaloux, la cruelle Vangeance ;
Tous vos pas sont des sentiments.

APOLLON.

Zéphire vole sur vos traces
Plus vif que dans les plus beaux jours :
Vos pas, enviez par les Graces,
Sont applaudits par les Amours.

ERATO ET APOLLON.

Quelle danse vive & legere !
Les Jeux, les Ris vous suivent tous :
Muse brillante, auprès de vous
On voit plus d'Amours qu'à Cythere.

CHOEUR.

Muse brillante, auprès de vous
On voit plus d'Amours qu'à Cythere.

FIN DU PROLOGUE.

ACTEURS
CHANTANTS
DU BALLET.

PREMIERE ENTRÉE

ALCIBIADE, *Vainqueur de la Course des Chars, Amant d'Aspasie.* Mr. Chassé.

TIME'E, *aimée d'Agis, Roy de Sparte, & Amoureuse d'Alcibiade,* Mlle. Pelissier.

ASPASIE, *belle Grecque nommée pour distribuer les Prix aux Vainqueurs des Jeux,* Mlle. Jullye.

AMINTAS, *Confident d'Alcibiade,* Mr. Dumast.

ZE'LIDE, *Confidente de Timée,* Mlle. Dun.
Vainqueurs de la Lutte, du Disque, du Ceste & du Saut.

Spectateurs des Jeux.

La Scene est dans l'ELIDE, près du Temple de JUPITER-OLIMPIEN.

SECONDE

SECONDE ENTRE'E.

MARC ANTOINE, Mr. Chaffé.

E'ROS, *Affranchi de Marc Antoine,* Mr. Tribou.

CLEOPATRE, *Reine d'Egypte,* Mlle. Antier.

UNE EGYPTIENNE, Mlle. Jullye.

Egyptiens & Egyptiennes, fous la forme d'Amours & de Graces.

Egyptiens & Egyptiennes, fous la forme d'Egypans & de Bacchantes.

Soldats Romains.

La Scene eft dans le Camp des Romains fur les bords du Fleuve CYDNUS dans la CILICIE.

TROISIE'ME ENTRE'E.

DE'LIE, *Parente de Mecene, Favory d'Augufte,* Mlle. Lemaure.

PLAUTINE, *Confidente de Délie,* Mlle. Dun.

TIBULE, *Chevalier Romain déguifé en Efclave, fous le nom d'*ARCAS, Mr. Tribou.

UNE BERGERE, Mlle. Jullye.

Bergers & Bergeres danfants.

Efclaves Pantomimes, fous les habits de leurs Maîtres.

La Scene eft dans la Maifon de Campagne de MECENE.

C

ACTEURS DANSANTS

DU BALLET.

PREMIERE ENTRE'E.

TRIOMPHE D'ALCIBIADE.

GRECQUES;

Meſſieurs Caſtillon , Javilliers-C., Dumay , Dupré ;

Meſdemoiſelles Petit , Rabon, Durocher, Carville.

LUTEURS;

Meſſieurs Dupré , Javilliers-L.

COUREURS;

Meſſieurs Malter-C. , Bontemps.

SECONDE ENTRE'E.

LES BACCHANALES.

EGYPANS;

Monſieur D-Dumoulin ;

Meſſieurs Malter-C. , Dangeville , F-Dumoulin ,

Hamoche , Malter-L.

BACCHANTES;

Meſdemoiſelles Mariette, Lamartiniere, Le Breton.
Thybert, Favre.

TROISIE'ME ENTRE'E.
LES SATURNALES.

ESCLAVES déguisez avec les habits de leurs Maîtres ;

Meſſieurs Savar , Dumay, Dupré, Matignon.

BERGERS ET BERGERES;

Monſieur D-Dumoulin; Mademoiſelle Camargo ;

Meſſieurs Matignon , Hamoche , Malter-L.,
Bontemps, Dangeville ;

Meſdemoiſelles Mariette , Petit , Saint-Germain ,
Le Breton , Durocher.

PREMIERE ENTRÉE.
LES JEUX OLYMPIQUES.

LE THEATRE repréfente le Temple de JUPITER-OLYMPIEN : Il eft précédé d'une Avenuë d'Arbres entre-mêlez de Statuës Equeftres des Vainqueurs des Jeux ; & de Groupes, exprimants les Travaux d'Hercule, Inftituteur des Jeux Olympiques.

SCENE PREMIERE.
TIMÉE.

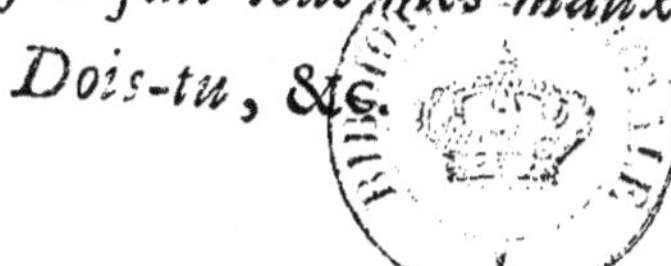

Dois-tu, *cruel Amour, te fervir d'un volage*
Pour te foûmettre un tendre cœur ?
Mes yeux ne regnent plus fur l'Objet qui m'engage ;
L'Infidelle éteint fon ardeur,
Dès qu'il fçait que je la partage ;
Ah ! j'ai fait tous mes maux en faifant fon bonheur.
Dois-tu, &c.

SCENE II.

TIME'E, ZE'LIDE.

ZE'LIDE.

Tandis que près d'icy la Grece rassemblée,
Applaudit au Vainqueur des Jeux ;
Tandis que tout comble vos vœux,
Vous fuyez les plaisirs, vous paroissez troublée ?....

TIME'E.

Ah ! que mon sort est rigoureux !
Pour joüir d'un moment tranquile
J'errois seule dans ce séjour :
Je cherche envain la paix dans cet auguste azile,
Helas ! les tendres cœurs trouvent par tout l'Amour !

ZE'LIDE

Vous soupirez ! vôtre chagrin m'étonne :
De Sparte où les Vertus regnent avec les Rois.
Agis vous offre la Couronne ;
Vous pouvez faire encore un plus illustre choix :
Le plus charmant Heros à vos fers s'abandonne,
Le cœur d'Alcibiade.....

TIME'E.

Il n'est plus sous mes loix.

Apprens mon fort ; conçois ma jufte jaloufie :
Mon amour, mes foupirs, mes foins font fuperflus ;
Alcibiade aime Afpafie,
L'Inconftant ne changera plus.

ZE'LIDE.

Quoi, vous ne feriez plus aimée !
Je n'ai point apperçû ce fatal changement.

TIME'E

Il n'a pas pû tromper un moment
Les regards de Timée.

J'aime trop mon Amant, helas !
Pour ignorer fon inconftance.

Le tendre Amour ne s'aperçoit-il pas
De tout ce qui détruit fa plus chere efperance ?

J'aime trop mon Amant, helas !
Pour ignorer fon inconftance.

TIME'E apperçoit de loin ALCIBIADE
entre les Arbres.

Il vient. Quels doux tranfports paroiffent l'agiter ?
Ecoûtons fes difcours ; ce lieu nous eft propice.

ZE'LIDE.

Vous vous repentirez d'employer l'artifice.

Il eft dangereux d'écoûter

Les secrets d'un cœur infidelle.

On peut y découvrir quelqu'offense nouvelle;
De son crime il vaut mieux douter:

Il est dangereux d'écoûter
Les secrets d'un cœur infidelle.

TIME'E.

Viens. A l'Amour jaloux je ne puis résister.

TIME'E emmenne ZELIDE se cacher derriere
les Statuës.

SCENE III.

ALCIBIADE, AMINTAS; TIME'E, ZELIDE cachées.

AMINTAS.

*D*Ans vos yeux satisfaits, on lit vôtre victoire :
Vous avez de nos Jeux remporté tout l'honneur.

ALCIBIADE.

Tu ne vois que ma gloire,
Apprens les plaisirs de mon cœur,
La charmante Aspasie
Par les Grecs, vient d'être choisie,

Pour

Pour me livrer le prix ordonné dans nos Jeux ;
Et son cœur en secret est sensible à mes feux.

Tous mes vœux sont remplis : la Beauté qui m'en-
chante
　　Va me couronner dans ce jour :
　　La Couronne la plus brillante
S'embellit , en passant par les mains de l'Amour.

AMINTAS.

Quoy, vous étes déja dans des chaînes nouvelles !
Aspasie est sensible à vos feux infidelles !

ALCIBIADE.

L'Amour nous a tous-deux frappez des mêmes coups.

　　Sous les ombres du mystere
　　Nous trompons les yeux jaloux :
　　Contens d'aimer & de plaire ,
　　Nous cachons des feux si doux ,
　　Sous les Ombres du mystere.

AMINTAS.

Je le vois : vous voulez éviter la colere
　　De l'Objet que trahit vôtre legereté :
Se peut-il qu'un Heros que la raison éclaire ,
　　Suive toûjours la nouveauté ?

　　　　　　　　　　　　D

ALCIBIADE.

Mon cœur fait pour l'indépendance,
Neglige la fidelité :
Et je trouve dans l'inconstance
L'image de la liberté.

AMINTAS.

Changer d'amour, c'est changer d'esclavage ;
L'inconstant ne peut être heureux dans ses desirs :
Un cœur qui de ses nœuds si souvent se dégage,
Prouve qu'ils ne sont pas formez par les plaisirs.

ALCIBIADE.

Nôtre cœur doit changer sans cesse,
Pour n'avoir que d'heureux moments :
Les premiers jours de la tendresse,
En sont toûjours les plus charmants.

AMINTAS.

L'Amour vous punira d'une erreur qui l'offense.

ALCIBIADE.

En servant son pouvoir, craindrois-je sa vangeance ?

Plus d'une Beauté chaque jour,
Par un Volage est asservie :
Un fidele Amant dans sa vie,
Ne soûmet qu'un cœur à l'Amour.

AMINTAS.

Peut-on si hautement se déclarer volage?
Doit-on soupirer en tous lieux?

ALCIBIADE.

De la Divinité, l'encens est le partage;
Les soûpirs sont l'hommage
Qu'exigent deux beaux yeux.
Gardons-nous de former des chaînes éternelles;
On doit encenser tous les Dieux;
On doit aimer toutes les Belles.

AMINTAS.

Ainsi, vous trahissez la flâme & les appas
D'une fidelle Amante?

ALCIBIADE.

En voyant l'Objet qui m'enchante,
Quelle ardeur, quels attraits ne trahiroit-on pas?

SCENE IV.

ALCIBIADE, TIME'E.

TIME'E.

AH ! c'en est trop, Perfide , arrête...
Est-ce donc-là le sort que l'Elide m'apprête ?
Je ressens à la fois l'amour & la fureur....
Eh quoy ! n'ay-je plus d'esperance ?
Cruel, rends-moy ton cœur,
Ou mon indifference.
Mais non , rien ne pourroit , helas ! me dégager ;
Reviens ; l'Amour constant près de moy te rappelle.
Tu ne rougis pas de changer ?
Change encore une fois , pour devenir fidelle.

ALCIBIADE.

Ne me montrez que du couroux ;
Je ne puis calmer vos allarmes :
Oubliez un Volage , attendez de vos charmes
Un Amant plus digne de vous :
Je ne mérite plus vos soupirs ny vos larmes.....

T I M E'E.

Les a-tu jamais meritez ?
Ingrat, crains mes feux irritez.
Ma douleur te sera fatale ;
Ma vangeance bien-tôt, éclairant ma Rivale,
L'instruira de quel prix est ton perfide cœur :
Je la verray rougir de sa victoire....

A L C I B I A D E.

Une Amante croit peu sa Rivale en fureur :
Dans un cœur enflâmé l'Amour seul se fait croire.

Calmez ce dépit éclatant :
Vôtre couroux m'est favorable :
Plus on se plaint d'un inconstant,
Plus on le fait paroître aimable.

T I M E'E.

Cruel, c'en est donc fait ? sans regret, sans remords,
Vous vous livrez à l'inconstance ?
Ah! du moins, suspendez mes funestes transports ;
Déguisez un moment l'excès de vôtre offense....
Alcibiade.... helas !... vous gardez le silence....
Vous fuyez mes regards....
Trompettes, qui annoncent le Triomphe d'ALCIBIADE.
Mais on vient, justes Dieux !
C'est icy que l'on doit couronner ton adresse :
Dérobons ma honte à la Grece ;
Hâtons-nous d'éviter un spectacle odieux.

C'est trop long-temps pour un Perfide
Refuser les vœux d'un grand Roy :
Ingrat, je vole à Sparte en fortant de l'Elide ;
Agis aura ma main, s'il me vange de toy.

SCENE V.

LE TRIOMPHE D'ALCIBIADE.

ALCIBIADE, AMINTAS, ASPASIE.

G R E C S Spectateurs des Jeux ; A T H L E T E S de la Lute, du Cefte, de la Courfe, du Difque; & du Saut.

C H OE U R.

Vous avez dans nos Jeux remporté la victoire.
Que ce triomphe eft beau ! qu'il eft digne de
Vous !
Les plus grands Dieux en ont été jaloux :
Leur gloire & leur exemple augmentent vôtre gloire.

ASPASIE accompagnée d'une Troupe aimable
de jeunes Grecques qui la suivent en dansant,
présente à ALCIBIADE une Couronne d'Olivier ; Prix consacré aux Vainqueurs des Jeux
Olympiques.

ASPASIE.

Aspasie en ce jour vient acquitter la gloire
De ce qu'elle doit au Vainqueur :
Triomphez, recevez l'honneur
Que vous accorde la Victoire.

ALCIBIADE.

Dans cet instant tout l'excés de ma gloire
N'est bien connu que de mon cœur :
Quand vous couronnez un Vainqueur,
Il vous doit plus qu'à la Victoire.

On danse.

ASPASIE.

Amants, que le mystere amene dans nos Fêtes,
Vous laissez l'éclat aux Guerriers :
Plus l'Amour cache ses Conquêtes,
Plus il mérite de Lauriers.

On danse.

UNE GRECQUE.

Les Prix que la Gloire présente,
N'attirent pas tous les cœurs dans sa Cour :
Il en est que conduit une plus douce attente ;
L'Univers doit souvent ses Heros à l'Amour.

On danse.

A S P A S I E.

Eclatez brillantes Trompettes,
Célébrez le Vainqueur : qu'il triomphe à jamais ;
Faites retentir ces Retraittes,
Des Concerts de Bellone, & des Chants de la Paix.

C H OE U R.

Eclatez brillantes Trompettes,
Célébrez le Vainqueur : qu'il triomphe à jamais ;
Faites retentir ces Retraites,
Des Concerts de Bellone, & des Chants de la Paix.

FIN DE LA PREMIERE ENTRE'E.

SECONDE

SECONDE ENTRÉE.

LES BACCHANALES.

Le Theâtre repréſente le Camp des Romains ſur les bords du Fleuve CYDNUS, dans la CILICIE.

SCENE PREMIERE.

ANTOINE, E'ROS ſon Affranchy.

E'ROS.

Eigneur, vous méditiez une illuſtre Conquête,
Et vous alliez punir les Parthes inconſtans,
Sur les bords du Cydnus ; quel projet vous
arrête ?

ANTOINE.

C'eſt Cleopatre que j'attens.
Mon ordre appelle icy cette Reine infidelle ;
Elle a ſervy Brutus & ſa haine rebelle,
Les Romains en ſont mécontens.

E

E'ROS.

Verrez-vous sans péril cette Reine charmante?

ANTOINE.

Non, ne crains pas que j'augmente
Ses Triomphes éclatants.

Mon cœur est conduit par la Gloire,
L'Amour pourroit-il l'égarer?

Sur les traces de la Victoire,
Quels appas puis-je rencontrer
Qui l'effacent de ma memoire?

Mon cœur est conduit par la Gloire,
L'Amour pourroit-il l'égarer?

E'ROS.

Le Vainqueur de Pompée a brûlé pour les charmes
Qui vont briller à vos regards:
Où vôtre cœur trouvera-t'il des armes,
Pour opposer aux traits qui domptent les Cesars?

ANTOINE.

Les traits que l'Amour lance
Ne sont pas-tous victorieux:
Et contre sa puissance,
Le Heros le plus glorieux
N'est pas toûjours celuy qui se défend le mieux.

Je te le dis encore,
Ne crains pas ma défaite, & des traits impuiffans,
Ce n'eft pas à l'Amour que j'offre mon encens ;
C'eft un Dieu conquerant, c'eft Bacchus que j'adore.

E'R O S.

Rival de fa valeur, charmé de fes explois,
Vous l'avez imité cent fois.

ANTOINE.

Les Romains ne font nez que pour dompter la Terre,
Et l'Amour n'eft pas fait pour être leur vainqueur :

Lorfque dans cent climats on veut porter la guerre ;
Il faut fçavoir triompher de fon cœur.

ENSEMBLE.

Un Laurier que la Gloire donne,
Vaut tous les Mirthes des Amants.
Quels heureux jours, quels doux moments,
Quand la Victoire nous couronne !

SCENE II.

ANTOINE, E'ROS, CLEOPATRE, EGYPTIENNES, sous la forme de Graces & de Bacchantes.

EGYPTIENS, sous la forme d'Amours & d'Egypans.

On voit paroître de loin sur le Fleuve CYDNUS, une Barque superbe : La Reine d'Egypte, magnifiquement habillée, sous un Pavillon de pourpre tissu d'or ; de petits Egyptiens, déguisez en Amours, sont à ses pieds : D'autres Barques chargées d'Egyptiens en Egypans, & d'Egyptiennes en Graces & en Bacchantes, accompagnent celle de Cleopatre, & s'approchent lentement du Rivage.

ANTOINE.

Mais, du Fils de Sémélé & du Dieu de Cythére,
Les aimables Sujets s'assemblent à mes yeux !
Bacchus, est-ce Ariane ? Amour, est-ce ta Mere ?
Qui les réünit dans ces lieux ?

CHOEUR.

Lorsqu'elle veut charmer le Monde,
C'est ainsi que Venus se promene sur l'Onde.

Les Egypans & les Bacchantes font leur Débarquement,
au fon des Haut-Bois qui les précedent. CLEOPATRE
les fuit, & deux Romains la conduifent près d'ANTOINE.

CLEOPATRE.

Vous voyez Cléopatre odieufe aux Romains,
Et peut-être, helas! à vous-même:
J'obéis en tremblant, à vôtre ordre fuprême;
Et je viens dépofer mon Sceptre dans vos mains.

ANTOINE.

à part.

Que devient ma fierté? tous fes efforts font vains.

CLEOPATRE.

Je fçais que de Bacchus vous cheriffez la gloire;
L'Egypte la premiere, honnora fa Memoire;
J'ay cru que fur ces bords vous fouffririez nos Jeux.
Vous qui nous rappellez ce Vainqueur genereux,
Qui d'une Amante déplorable
Adoucit dans Naxos le deftin rigoureux,
Me ferez-vous inéxorable?
La Fille de Minos poffedoit mille appas,
Il eft vray, la Beauté fe rend tout favorable,
Rarement un Heros ne la protege pas:

Mais, pourquoy trouverois-je un cœur impitoyable?
Ariane étoit plus aimable,
Je fuis plus malheureufe, helas!
Me ferez-vous inexorable?

ANTOINE.

Si Bacchus avoit vû l'éclat de vos beaux yeux,
Lorsqu' Ariane en pleurs, sur un triste rivage,
Toucha par ses regrets ce Dieu victorieux,
Elle eût long-temps pleuré la fuite d'un Volage.

CLEOPATRE.

Seigneur, je venois devant vous
Justifier mon innocence......

ANTOINE.

Vôtre premier regard en a pris la défense.

CLEOPATRE.

Quel Dieu vient de fléchir pour moy vôtre couroux?

ANTOINE.

Reconnoissez l'Amour, au pouvoir de ses coups.

Lorsque loin de vos yeux on me peignoit vos charmes,
La sévere Raison me promettoit des armes
Contre leurs plus aimables traits :
Mais, helas ! quelle difference
D'entendre vanter leur puissance,
Ou de voir briller leurs attraits !

CLE'OPATRE.

Non, non, je ne puis croire,
Qu'à triompher l'Amour mette si peu d'instants :
Lorsqu'un Heros luy céde la victoire,
Il la dispute plus long-temps.

ANTOINE.

Du terrible Dieu de la Thrace,
L'Amour dans ses exploits efface
La plus vive rapidité.
On donne bien des jours à la plus courte guerre ;
Un seul instant suffit à la Beauté,
Pour triompher des Vainqueurs de la terre.

CLE'OPATRE.

Ne vous obstinez pas à troubler mon repos ;
Rome défend à ses Heros
D'oser soupirer pour des Reines....

ANTOINE.

Je lis dans vos beaux yeux des Loix plus souveraines.

CLE'OPATRE.

Quoy ! Rome vainement condamneroit vos feux ?
Pourriez-vous de Fulvie abandonner les chaînes ?

ANTOINE.

Je ne connois plus que vos nœuds :
Confentez que l'Amour à jamais nous uniffe.

CLEOPATRE.

Quand vous m'offrez un fi grand Sacrifice,
Seigneur, en les comblant, vous allarmez mes vœux!

Puis-je compter fur la conftance
Du feu qui vous brûle en ce jour?
Je n'ofe écouter l'Efperance,
Ah! devrois-je écouter l'Amour?

ANTOINE.

Tout vous garantit la conftance
Du feu qui me brûle en ce jour:
Ne retardez pas l'Efperance;
Et qu'elle vole avec l'Amour.

Mes foins vous feront mieux connaîtr
Quelle ardeur j'ofe vous offrir:
Un feu que vos yeux ont fait naître
Eft fûr de ne jamais mourir.

Tout vous garantit la conftance
Du feu qui me brûle en ce jour:
Ne retardez pas l'Efperance,
Et qu'elle vole avec l'Amour.

Daignez

Daignez enfin me faire entendre
Quel fort à mes foûpirs vous voulez referver ?
Douterez-vous long-temps de l'amour le plus tendre ?

CLEOPATRE.

Douter de vôtre Amour, n'eft-ce pas l'approuver ?
à fa Suite.

Dans ces lieux, Témoins de ma gloire,
Revenez, achevez les Jeux interrompus ;
Mon cœur célébre ma victoire :
Que vos chants célébrent Bacchus.

SCENE III.

CLEOPATRE, ANTOINE, EROS,

EGYPTIENS, fous la forme d'Amours
& d'Egypans.

EGYPTIENNES, fous la forme de Graces
& de Bacchantes ; Troupe de Soldats Romains.

ANTOINE ET CLEOPATRE.

R*Euniffez vos voix & vos hommages,*
Mêlez vos vœux & vos concerts :
Que le nom de Bacchus chanté fur ces Rivages,
S'éleve avec l'encens & vole dans les airs.

F

CHOEUR.

Réunissons nos voix & nos hommages,
Mêlons nos vœux & nos concerts :
Que le nom de Bacchus chantè sur ces Rivages,
S'éleve avec l'encens & vole dans les airs.

Danse des Egypans & des Bacchantes.

UNE BACCHANTE.

Livrons sans allarmes,
Nos cœurs aux charmes
Que nous prodigue ce beau jour;
Quand sur cette Rive
Bacchus arrive
Presenté par l'Amour;

Ces Vainqueurs unissent leurs coups,
Leur gloire est certaine,
Nôtre fuite est vaine :
Non rien n'échape à leur chaîne,
Cedons, cedons tous,
Rendons-nous.
Livrons sans allarmes, &c.

Tendres Amants,
Le Mirthe plus que la Tréille
Vous donne-t-il d'heureux moments,
La raison sommeille
Le plaisir veille
Sous ses Rameaux charmants
Livrons sans allarmes, &c.

ANTOINE ET CLEOPATRE.

Les Ris, les Graces
Suivent Bacchus dans ce séjour :
L'Amour sur leurs traces
Vient lui-même embellir sa Cour.

Ces Dieux s'unissent
Pour mieux répondre à nos desirs ;
Que ces Lieux retentissent
De leur gloire & de nos plaisirs.

On danse.

CLEOPATRE.

Brillez, joüissez de la paix,
Plaisirs, dans le sein de la guerre,
Suspendez l'effroy de la Terre ;
Volez, ne nous quittez jamais.

Près de Bellone même icy tout est tranquile ;
Amour ne nous allarmez pas ;
Le Séjour du Dieu des combats
Pour le Fils de Venus doit être un sur azile.

Brillez, joüissez de la paix,
Plaisirs ; dans le sein de la guerre,
Suspendez l'effroy de la Terre ;
Volez, ne nous quittez jamais.

On danse.
F ij

UNE EGYPTIENNE, alternativement avec LE CHŒUR.

Regnez charmants Amours,
Volez sous cet ombrage :
Regnez charmants Amours,
Venez nous donner de beaux jours.

Qui vient sur ce Rivage
Y trouve l'esclavage ;
Mais il est si doux,
Que l'on est jaloux
De sentir ses coups.

SECOND COUPLET.

Ah ! que d'heureux instants
Promet ce jour tranquile !
Ah ! que d'heureux instants
Fera naître icy le Printemps !

Amants, ce bord fertile
Vous offre un sûr azile ;
Goûtez ses douceurs ;
La Saison des fleurs
Est celle des cœurs.

FIN DE LA SECONDE ENTRE'E.

TROISIÉME ENTRÉE.

LES SATURNALES.

Le Theâtre repréfente les Jardins de la Maiſon de Campagne de MECENE, ornez pour la Fête.

SCENE PREMIERE.

DE'LIE, PLAUTINE.

PLAUTINE.

'Eſclave qui toûjours ſe préſente à vos yeux;
Quoy! le fidele Arcas eſt le tendre Tibule?

DE'LIE.

Oüy, le feu qui pour moi le brûle
Sous ce déguiſement, l'attire dans ces lieux.

C'eſt un effet de ſa délicateſſe.
Avant de laiſſer voir l'excès de ſon ardeur,
Il vouloit pénétrer le ſecret de mon cœur :
Reſolu d'immoler ſa flâme à ma tendreſſe,
Si ſes Soins d'un Rival découvroient le bonheur.

PLAUTINE.

Aujourd'huy de Saturne on célébre la fête ;
De ces temps fortunez (on ſçait les douces loix)
L'Eſclave égal au Maître en poſſede les droits.
Le Chagrin fuit, la Colere s'arrête,
Le Tybre ſur ſes bords revoit la liberté,
Tibule en aura profité ?

DE'LIE.

Il ſe croit inconnu : le tranſport qui l'enflâme
Conduit par le reſpect, ſe cache dans ſon ame.

PLAUTINE.

Que l'on perd de doux inſtans,
Lorſque l'on ſuit trop long-temps
Le Reſpect toûjours timide !
C'eſt un Guide
Qui n'enſeigne pas aux Amours,
Les chemins les plus courts.
Mais, que craint vôtre Amant ? on diroit qu'il ignore,
De qui dépend la main de l'Objet qu'il adore !
Qu'il s'explique à Mecene, il verra près de luy,
Apollon à l'Amour accorder ſon appuy.

DE'LIE.

L'Amour ne veut devoir son bonheur qu'à luy-même.

PLAUTINE.

Eh, comment sçavez-vous que Tibule vous aime ?

DE'LIE.

Conduite par le sort, dans un Bois écarté
J'ai sans être apperçûë, éclairci ce mystere :
Tibule soûpirant au bord d'une Onde claire,
    N'y pensoit pas être écoûté ;
J'ay sçû dans ces beaux lieux, le prix d'un cœur sincere.

PLAUTINE.

Je ne m'étonne plus si vôtre empressement
    Vous y ramene à tout moment.

DE'LIE.

Dans ces Jardins charmants, Flore enchaîne Zéphire.
    Quel aimable Séjour
    Pour un cœur qui soûpire !
Un Printems éternel y regne avec l'Amour.

Sous ces Arbres témoins de mon bonheur suprême,
    A chaque instant, je puis trouver
    Le plaisir de voir ce que j'aime
    Ou du moins, celui d'y rêver.

Dans ces Jardins, &c.

    Appercevant TIBULE.

Mais Tibule paroît ; éprouvons sa constance
    Par une feinte confidence.

SCENE II.

DE'LIE, PLAUTINE, TIBULE; déguisé en Esclave, sous le nom d'ARCAS.

TIBULE, à part, sans voir DE'LIE.

MEcene dans ce jour près d'Auguste arrêté,
Laisse ma flâme en liberté....
*Je vois Délie; allons *... O Ciel! que vais-je faire?*

* TIBULE déguisé en Esclave, appercevant
DE'LIE, fait quelques pas pour aborder,
& s'arrête.

Loin de l'Objet qui m'a sçû plaire,
Mon cœur se croit toûjours assez audacieux
Pour hazarder l'aveu de ma flâme sincere :
Mais, quand cette Beauté se presente à mes yeux,
Le respect me force à me taire.

Amour, puissant Amour, sers les Amants discrets.

DE'LIE, à PLAUTINE.

Je vais faire éclater ses sentimens secrets.

à TIBULE.

à Thibule.

Venez Arcas, venez, j'ai remarqué le zele
Qui sur mes pas, vient toûjours vous offrir.

TIBULE.

Il n'en est pas de plus fidele.

DELIE.

Pour prix de vôtre foy, je veux vous découvrir
Ce qui se passe dans mon ame.

TIBULE.

à part.

Quel redoutable instant ! que je crains pour ma flâme.

DELIE.

Mon cœur dans un projet attend vôtre secours.

TIBULE.

Je sçauray, s'il le faut, vous immoler mes jours.

DELIE.

Arcas, vous allez moins payer ma confiance.

TIBULE.

Parlez... vous balancez...ah ! c'est trop differer.

DELIE.

Eh bien, il faut me declarer :
J'aime à voir vôtre impatience.

G

Je méprisois l'Amour, je fuyois ses plaisirs,
Et je bornois tous mes desirs
A la tranquille Indifference.
Soûmettant mon cœur à sa douce puissance,
L'Amour croit s'être bien vangé :
Je l'aurois plûtôt outragé ;
Si j'avois prévû sa vangeance.

TIBULE.

à part.
Quel trouble affreux vient me saisir ?
à DELIE.

Vous aimez donc ? . . . l'Amour aura sçû vous choisir
Un Amant, digne de vous plaire.

D'ELIE.

Le Dieu qui regne dans Cythere,
Est le plus éclairé des Dieux :
L'aimable choix qu'il ma fait faire
Prouve bien qu'il n'a pas un bandeau sur les yeux.

Que pour moy dans ce jour vôtre zele s'empresse,
C'est à vous seul, Arcas, d'achever mon bonheur.
Vous connoissez l'Objet de ma tendresse,
Nul ne peut mieux que vous, m'assurer de son
cœur

TIBULE.

Quelle cruelle confidence !
Ah ! ne l'achevez pas, ceſſez de m'accabler,
Ou mon funeſte amour va rompre le ſilence....

DE'LIE.

Arcas aime Délie, & l'oſe réveler !
Mais Saturne & la Fête excuſent vôtre offenſe ;
Gardez-vous de la redoubler.

TIBULE.

Vous ignorez quel eſt l'Amant ſincere
A qui vous refuſez juſqu'à vôtre colere.
Quelque ſoit le deſtin de mes tendres ſoupirs,
Je veux brûler pour vous d'une flâme éternelle,
Je ſuſpens mes regrets, je contrains mes deſirs,
Helas ! ſans être heureux, je ſçais être fidele.

DE'LIE.

Parlez-moy de l'Amant qui ſoûmet ma fierté ;
Ce diſcours cent fois repeté,
Charmera mon amour extrême.
Lorſque d'un tendre cœur on veut être écouté,
Il faut ne luy parler que de l'Objet qu'il aime.

TIBULE.

à part.

Je ne puis plus souffrir un si cruel tourment ;
Fuyons.

DELIE.

Reſtez, Arcas ; c'eſt en vous que j'eſpere ;
Je ne pourrois ſans vous, voir icy mon Amant :
Mécene favorable à nôtre ardeur ſincere,
Veut bien-tôt nous unir par un hymen charmant....

TIBULE.

C'en eſt trop, le reſpect céde enfin à la rage :
Cruelle, terminez un aveu qui m'outrage ....*

O Ciel! vous inſultez à ma vive douleur ;
Mon deſeſpoir augmente, un nouveau feu me brûle..
Craignez que je n'immole à ma juſte fureur
Le trop heureux Objet de vôtre tendre ardeur....

DELIE.

Pourrez-vous immoler Tibule ?

TIBULE.

L'ay-je bien entendu! quel nom prononcez-vous ?

DELIE.

C'eſt le nom de l'Objet de mes vœux les plus doux.

* D'ELIE le regarde d'un air riant.

TIBULE.

Qu'entens-je! Ciel! quel prix de ma perséverance!
Non, jamais l'esperance
N'auroit osé le promettre à mon cœur....
Ah! deviez-vous si tard m'apprendre mon bonheur?

DELIE.

Nos feux sont approuvez : tout remplit nôtre attente.

TIBULE ET DELIE.

Aimons-nous, aimons-nous, & qu'une ardeur
constante
Enflâme à jamais nos desirs.

On entend un Prélude qui annonce la Feste
des Saturnales.

TIBULE.

On vient, des temps heureux chanter la paix charmante,
Puisse-t-elle toûjours regner dans nos plaisirs!

SCENE III.

DE'LIE, TIBULE, PLAUTINE, BERGERS, BERGERES, ESCLAVES,

PANTOMIMES sous les habits de leurs Maîtres.

La Ferme s'ouvre ; les Jardins de MECENE paroiſſent illuminez. On apperçoit au fonds un demy ovale d'Arcades de verdure , ſurmontées d'une Baluſtrade de fleurs , ornée de girandoles & de vaſes. Tous les Ifs ſont taillez en gueridons , & chargez de lumieres.

CHOEUR.

CHantons , chantons cent & cent fois;
Echos , répondez-nous : répondez à nos voix.
Chantons dans ces belles Retraites :
Saturne , entens-nous dans les Cieux.
Que les Haut-bois , que les Muſettes
Célébrent le modele & des Rois & des Dieux.

On danſe.

UNE BERGERE.

De nos Boccages
Fuyez les Ombrages ,
Vous qui ne connoiſſez que l'éclat de la Cour.
De nos Boccages
Fuyez les Ombrages ,
Nous n'offrons dans nos Bois de l'encens qu'à l'Amour.

Charmant séjour,
Dans ce beau jour
Bannissez les volages ;
Oyseaux, sous ces feuillages,
Charmez tour à tour
Par vos ramages
Les Echos d'alentour.

De nos Boccages, &c.

On danse.

UNE BERGERE.

Lorsque l'Innocence
Guidoit les Amours,
La tendre Constance
Les suivoit toûjours.
Tous les cœurs tranquiles
Ne faisant qu'un choix,
Aimoient dans les Villes
Comme dans les Bois.

On danse.

UNE BERGERE.

O Temps heureux, où la Terre & l'Onde
Dans une paix profonde
Se trouvoient toûjours !
Dans nos Champs, les Amours
S'expliquoient sans détours :

Leur loy suprême
Regloit tous nos pas.
O Temps heureux, lorsqu'on ne disoit point, j'aime,
Quand on n'aimoit pas.

UNE BERGERE.

Dans nos Boccages,
Sous leurs verds ombrages,
Il n'est point d'autre Cour
Que celle de l'amour.

La douce Paix
Regne à jamais.
Dans ces belles Retraites ;
Nos voix & nos Musettes,
Chantent ses attraits,
Nos amourettes,
Ressentent ses bienfaits.
Dans nos Boccages,
Sous leurs verds ombrages,
Rien ne trouble la Cour,
Et les vœux de l'amour.

Point de tourments,
Jamais d'envie,
Point de jalousie,
Dans ces lieux charmants,
O l'heureuse vie
Ménageons-en tous les moments.

Dan

Dans nos Boccages,
Sous leurs verds ombrages,
Les Jeux feuls font la Cour,
Que raffemble l'Amour.

C H OE U R.

Chantons, chantons cent & cent fois ;
Echos , répondez-nous : répondez à nos voix.
Chantons dans ces belles Retraites :
Saturne entens - nous dans les Cieux.
Que les Haut-Bois , que les Mufettes
Célébrent le modele & des Rois & des Dieux.

F I N.

APROBATION.

J'Ay lû , par Ordre de Monfeigneur le Garde des Sceaux, *les Jeux Olympiques , Feftes Saturnales , Feftes Grecques & Romaines,* OPERA avec fon Prologue ; & j'ay crû que l'ingénieufe Galanterie de cet Ouvrage plairoit fort au Public. Fait à Paris, ce neuviéme Juillet mil fept cent vingt-trois.

HOUDAR DE LA MOTTE.

PAR Traité paffé , *DE L'ORDRE DU ROY*, pardevant Notaires , le 22. Novembre 1727. entre *l'Academie Royale de Mufique,* & *le Sieur* BALLARD, *Seul Imprimeur du Roy, &c.* Il eft Ceffionnaire de ladite *Academie , pour ce qui regarde les Livres mentionnez au Privilege exclufif ,* accordé *par Sa Majefté à ladite Academie.*